Impressum
Verlag: BABADADA GmbH, Nedderfeld 112 , 22529 Hamburg
Geschäftsführer / Verlagsleitung: Harald Hof
Druck: Books on Demand GmbH, In de Tarpen 42, 22848 Norderstedt

Imprint
Publisher: BABADADA GmbH, Nedderfeld 112 , 22529 Hamburg, Germany
Managing Director / Publishing direction: Harald Hof
Print: Books on Demand GmbH, In de Tarpen 42, 22848 Norderstedt

בית ספר
škola

כיתה
učionica
חילק
dijeliti
186/2
לוח
tabla
školsko dvorište
מורה
učitelj, nastavnik
נייר
papir
כתב
pisati
עט
olovka
שולחן עבודה
pisaći sto
סרגל
lenjir
ספר
knjiga
תלמיד
učenik

ילקוט

torba

קלמר

pernica

עיפרון

drvena olovka

מחדד

šiljalo za olovke

גומי מחיקה

gumica

חוברת סרטוט

blok za crtanje

סרטוט

crtež

מברשת

kist

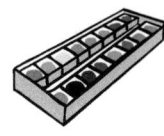

קופסת צבעים

kutija s bojama

מספריים

makaze

דבק

ljepilo

ספר תרגול

vježbanka

שיעור בית

domaća zadaća

מספר

broj

חיבר

sabirati

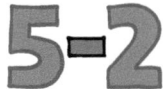

חיסר

oduzimati

הכפיל

množiti

חישב

računati

אות

slovo

אלפבית

abeceda

hello

מילה

riječ

טקסט

tekst

קרא

čitati

גיר

kreda

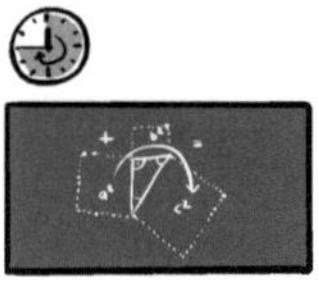

שיעור

sat

יומן נוכחות

školski dnevnik

מבחן

ispit

תעודה

svjedočanstvo

תלבושת בית ספר

školska uniforma

חינוך

izobrazba

אנציקלופדיה

leksikon

אוניברסיטה

univerzitet

מיקרוסקופ

mikroskop

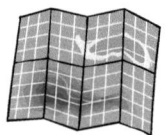

מפה

karta

סל נייר

korpa za papir

נסיעה

putovanje

מלון
hotel
הוסטל
hostel
המרת מטבע
mjenjačnica
מזוודה
kofer
אוטו
auto

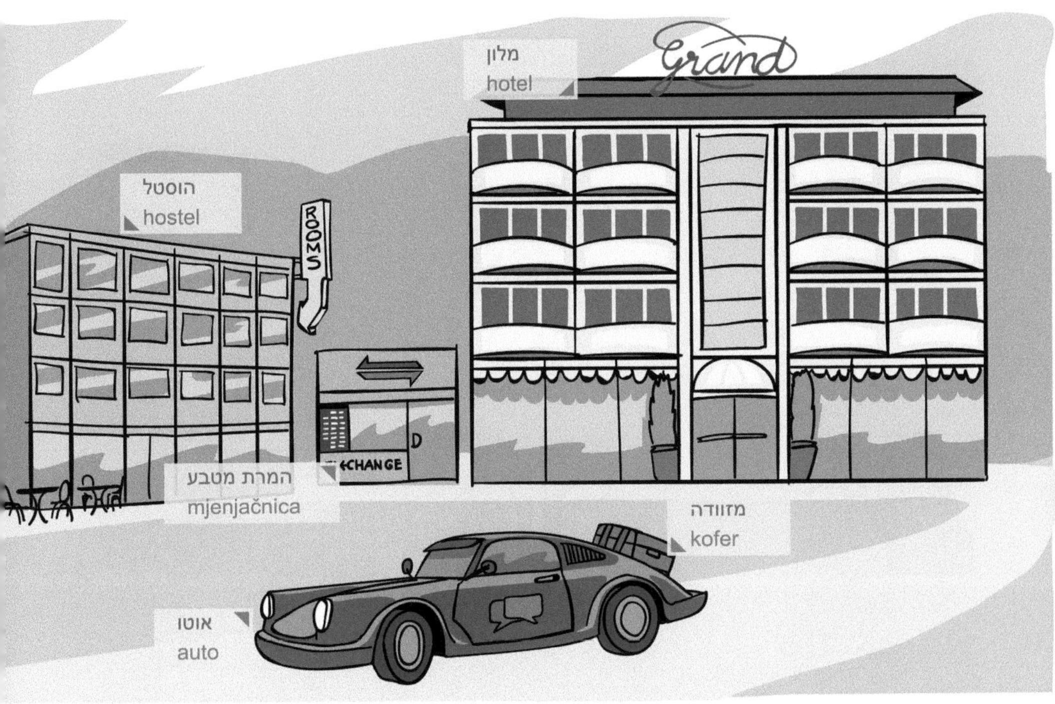

שפה

jezik

כן / לא

da / ne

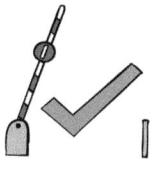

בסדר

okej

שלום

zdravo

מתרגם

tumač

תודה

hvala

כמה עולה.....?

Koliko košta...?

אני לא מבין

Ne razumijem

בעיה

problem

ערב טוב!

dobro veče!

בוקר טוב!

Dobro jutro!

לילה טוב!

Laku noć!

להתראות

doviđenja

כיוון

smjer

כבודה

prtljag

תיק

torba

תרמיל גב

ruksak

אורח

gost

חדר

soba

שק שינה

vreća za spavanje

אוהל

šator

מרכז מידע לתיירים

turističke informacije

חוף ים

plaža

כרטיס אשראי

kreditna kartica

ארוחת בוקר

doručak

ארוחת צהריים

ručak

ארוחת ערב

večera

כרטיס

putna karta

מעלית

lift

בול

poštanska markica

גבול

granica

מכס

carina

שגרירות

ambasada

אשרה

viza

דרכון

pasoš

תחבורה
transport

מטוס
avion
אונייה
brod
כבאית
vatrogasno vozilo
אוטובוס
autobus
משאית
kamion
סירת מנוע
motorni čamac
אופניים
biciklo
אוטו
auto

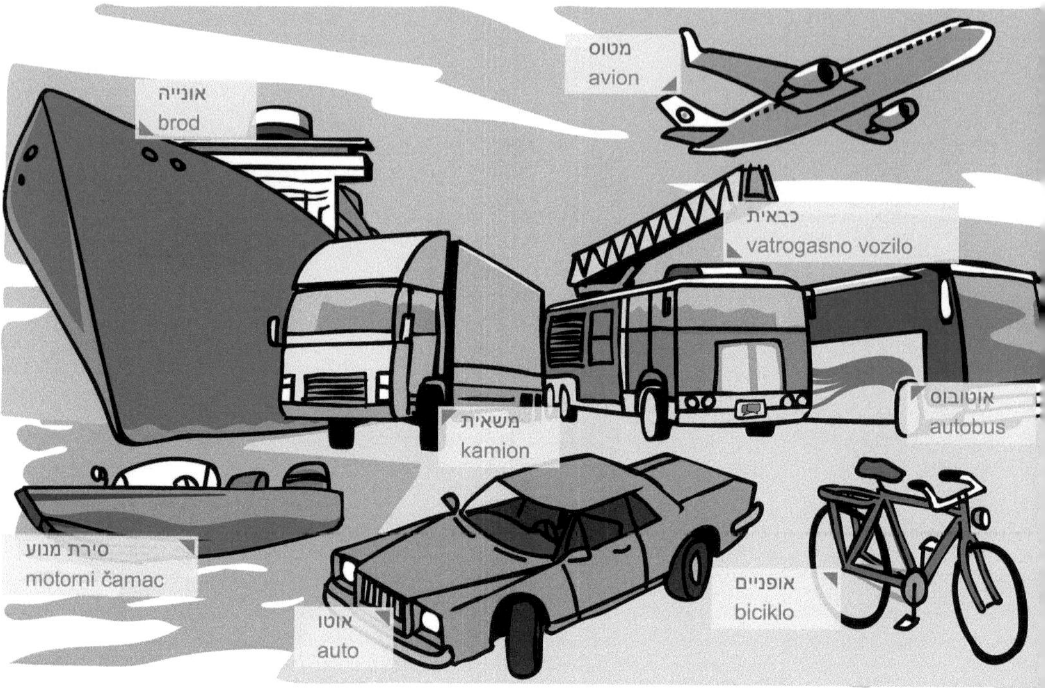

מעבורת

trajekt

סירה

brod

אופנוע

motocikl

ניידת משטרה

policijski automobil

מכונית מרוץ

trkaći automobil

רכב שכור

unajmljeni automobil

מכוניות בשיתוף

kar-šering

אוטו גרר

pauk

משאית זבל

smećarsko vozilo

מנוע

motor

דלק

gorivo

תחנת דלק

benzinska pumpa

תמרור

saobraćajni znak

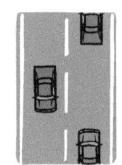

תנועה

saobraćaj

פקק תנועה

zastoj

חניה

parking

תחנת רכבת

željeznička stanica

פסי רכבת

šine

רכבת

voz

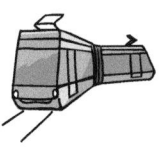

רכבת קלה

tramvaj

קרון

vagon

מסוק

helikopter

שדה-תעופה

aerodrom

מגדל

toranj

נוסע

putnik

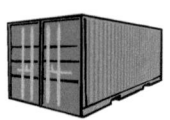

קונטיינר

kontejner

קרטון

karton

עגלה

tačke

סל

korpa

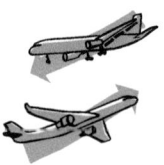

המראה / נחיתה

poletjeti / sletjeti

עיר

grad

כפר

selo

מרכז העיר

centar grada

בית

kuća

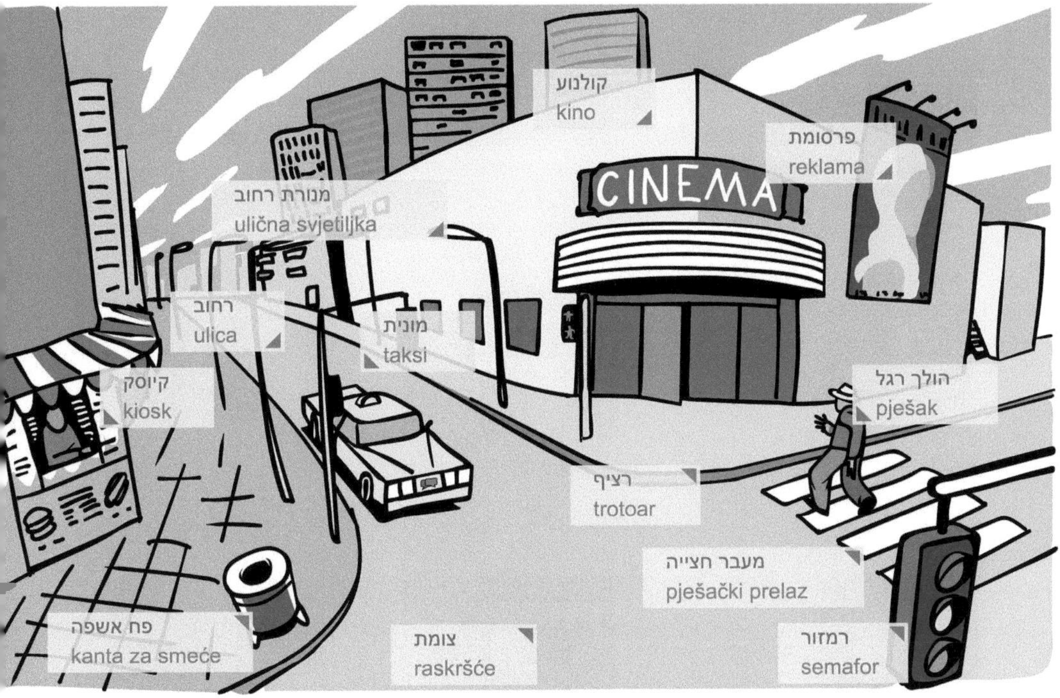

קולנוע
kino
פרסומת
reklama
CINEMA
מנורת רחוב
ulična svjetiljka
רחוב
ulica
מונית
taksi
קיוסק
kiosk
הולך רגל
pješak
רציף
trotoar
מעבר חצייה
pješački prelaz
פח אשפה
kanta za smeće
צומת
raskršće
רמזור
semafor

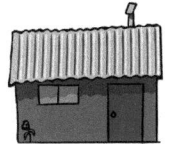

בקתה

koliba

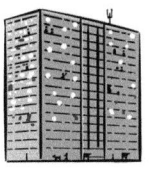

דירה

stan

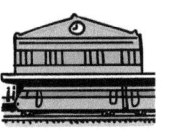

תחנת רכבת

željeznička stanica

עירייה

vjećnica

MUSEUM

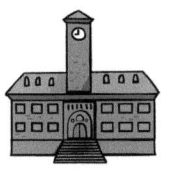

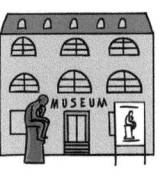

מוזיאון

muzej

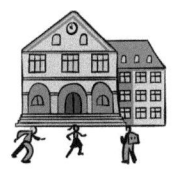

בית ספר

škola

אוניברסיטה

univerzitet

בנק

banka

בית חולים

bolnica

מלון

hotel

בית מרקחת

apoteka

משרד

ured

חנות ספרים

knjižara

חנות

radnja

חנות פרחים

cvjećara

סופרמרקט

supermarket

שוק

pijaca

כל-בו

robna kuća

מוכר דגים

prodavač ribe

קניון

trgovački centar

נמל

luka

פארק

park

ספסל

klupa

גשר

most

מדרגות

stepenice

רכבת תחתית

podzemna željeznica

מנהרה

tunel

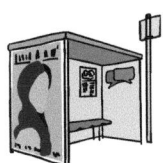

תחנת אוטובוס

autobuska stanica

בר

bar

מסעדה

restoran

תא דואר

poštanski sandučić

שלט רחוב

saobraćajni znak

מדחן

sat za naplatu parkinga

גן חיות

zološki vrt

בריכת שחיה

bazen

מסגד

džamija

חווה

seosko imanje

זיהום

zagađenje okoline

בית עלמין

groblje

כנסייה

crkva

מגרש משחקים

igralište

בית מקדש

hram

נוף

krajolik

עלה
list

תמרור
putokaz

דרך
putokaz

מרעה
livada

אבן
kamen

עץ
drvo

מטייל
putnik

נהר
rijeka

דשא
trava

פרח
cvijet

בקעה

dolina

הר

brdo

אגם

jezero

יער

šuma

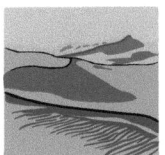

מדבר

pustinja

הר געש

vulkan

טירה

dvorac

קשת בענן

duga

פטריה

gljiva

דקל

palma

יתוש

komarac

זבוב

muha

נמלה

mrav

דבורה

pčela

עכביש

pauk

חיפושית

buba

צפרדע

žaba

סנאי

vjeverica

קיפוד

jež

ארנב

zec

ינשוף

sova

ציפור

ptica

ברבור

labud

חזיר בר

divlja svinja

צבי

jelen

אייל הקורא

los

סכר

brana

טורבינת רוח

vjetrenjača

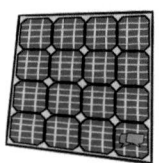

פנל סולארי

solarni modul

אקלים

klima

מסעדה

restoran

מלצר
konobar
תפריט
jelovnik
כסא
stolica
מרק
supa
פיצה
pica
סכו"ם
pribor za jelo
מפת שולחן
stolnjak

מנת פתיחה

predjelo

מנה עיקרית

glavno jelo

קינוח

desert

שתיות

piće

אוכל

jelo

בקבוק

flaša

מזון מהיר

brza hrana

אוכל רחוב

jelo sa ulice

קנקן תה

čajnik

מסכרת

šećernica

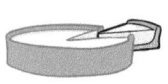

מנה

porcija

מכונת אספרסו

mašina za espreso

כסא תינוק

barska stolica

חשבון

račun

מגש

tacna

סכין

nož

מזלג

viljuška

כף

kašika

כפית

kašičica

מפית

salveta

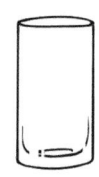

כוס

čaša

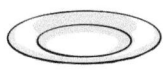

צלחת

tanjir

קערת מרק

tanjir za supu

תחתית

tanjurić

רוטב

sos

מלחייה

solanik

מטחנת פלפל

mlin za biber

חומץ

sirće

שמן

ulje

תבלינים

začini

קטשופ

kečap

חרדל

senf

מיונז

majoneza

סופרמרקט

supermarket

מבצע
ponuda
FOR
לקוח
klijent
מוצרי חלב
mliječni proizvodi
פירות
voće
עגלת קניות
kolica za kupovinu

אטליז
....
mesnica- klaonica

מאפייה
....
pekara

שקל
....
vagati

ירקות
....
povrće

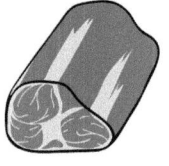

בשר
....
meso

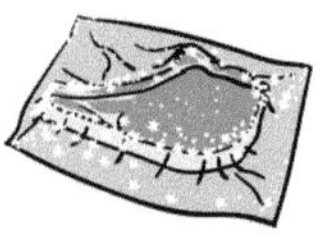

מזון קפוא
....
zaleđena hrana

בשר קר

narezak

שימורים

konzerve

אבקת כביסה

prašak za veš

ממתקים

slatkiši

מוצרי בית

kućanski proizvodi

חומר ניקוי

sredstvo za čišćenje

מוכרת

prodavačica

קופה

kasa

קופאי

blagajnik

רשימת קניות

lista za kupovinu

שעות פתיחה

radno vrijeme

ארנק

novčanik

כרטיס אשראי

kreditna kartica

תיק

torba

שקית נילון

najlonska vrećica

שתיות
pića

מים

voda

מיץ

sok

חלב

mlijeko

קולה

kola

יין

vino

בירה

pivo

אלכוהול

alkohol

קקאו

kakao

תה

čaj

קפה

kafa

אספרסו

espreso

קפוצ'ינו

kapućino

בננה

banana

תפוח

jabuka

תפוז

narandža

אבטיח

lubenica

לימון

limun

גזר

mrkva

שום

bijeli luk

במבוק

bambus

בצל

crveni luk

פטריות

gljiva

אגוזים

orašasti plodovi

אטריות

pasta

ספגטי

špagete

אורז

riža

סלט

salata

צ'יפס

pomfrit

צ'יפס

pečeni krompir

פיצה

pica

המבורגר

hamburger

כריך

sendvič

שניצל

šnicla

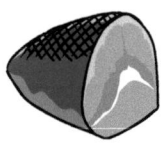

שינקין

šunka

סלאמי

kobasica

נקניקיה

kobasica

עוף

kokoš

טיגון

pečenje

דג

riba

שיבולת שועל

zobene pahuljice

מוזלי

muzli

קורנפלקס

kornfleks

קמח

brašno

קרואסון

kroason

לחמנייה

zemičke

לחם

kruh

טוסט

tost

עוגיות

keksi

חמאה

maslac

גבינה לבנה

svježi sir

עוגה

kolač

ביצה

jaje

ביצת עין

jaje na oko

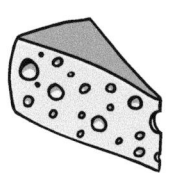

גבינה

sir

גלידה

sladoled

סוכר

šećer

דבש

med

ריבה

marmelada

ממרח נוגט

nugat krema

קארי

kuri

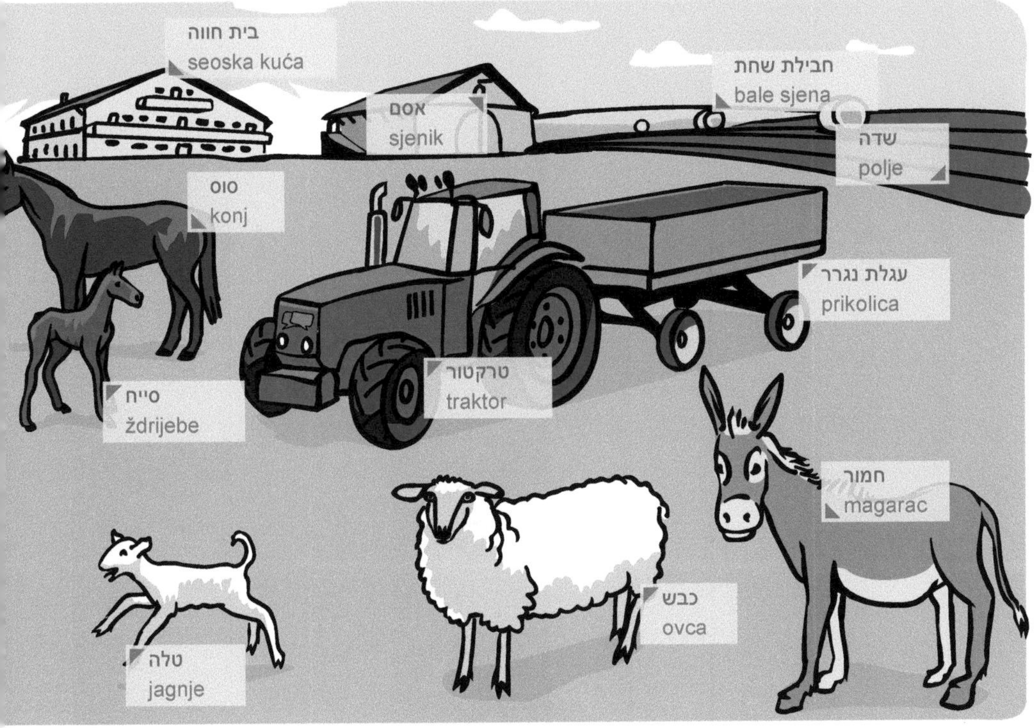

בית חווה
seoska kuća

אסם
sjenik

חבילת שחת
bale sjena

שדה
polje

סוס
konj

עגלת נגרר
prikolica

טרקטור
traktor

סייח
ždrijebe

חמור
magarac

כבש
ovca

טלה
jagnje

עז
koza

פרה
krava

עגל
tele

חזיר
svinja

חזרזיר
prase

שור
bik

אווז

guska

ברווז

patka

אפרוח

pile

תרנגולת

kokoška

תרנגול

pjetao

חולדה

pacov

חתול

mačka

עכבר

miš

שור

vol

כלב

pas

מלונה

pseća kućica

צינור השקיה

crijevo za baštu

קנקן מים

kanta za zalijevanje

חרמש

kosa

מחרשה

plug

חווה - seosko imanje

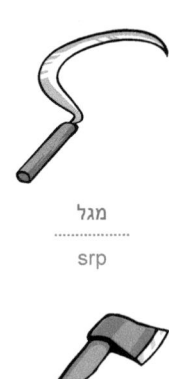

מגל

srp

מגרפה

motika

קלשון

vile

גרזן

sjekira

מריצה

tačke

שוקת

korito

כד חלב

bokal za mlijeko

שק

vreća

גדר

ograda

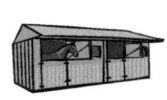

אורווה

štala

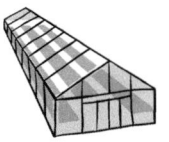

חממה

staklenik

אדמה

tlo

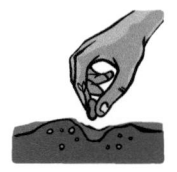

זרע

sjeme

דשן

đubrivo

מקצרה

kombajn

קצר

kositi

קציר

žetva

בטטה אפריקנית

jam korijen

חיטה

pšenica

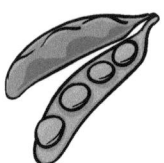

סויה

soja

תפוח אדמה

krompir

תירס

kukuruz

קנולה

uljana repica

עץ פירות

drvo voća

קסבה

manioka

דגנים

žito

בית
kuća

ארובה
dimnjak
גג
krov
מרזב
oluk
חלון
prozor
פעמון
zvono
מוסך
garaža
דלת
vrata
פח אשפה
kanta za smeće
תיבת מכתבים
poštanski sandučić
גינה
bašta

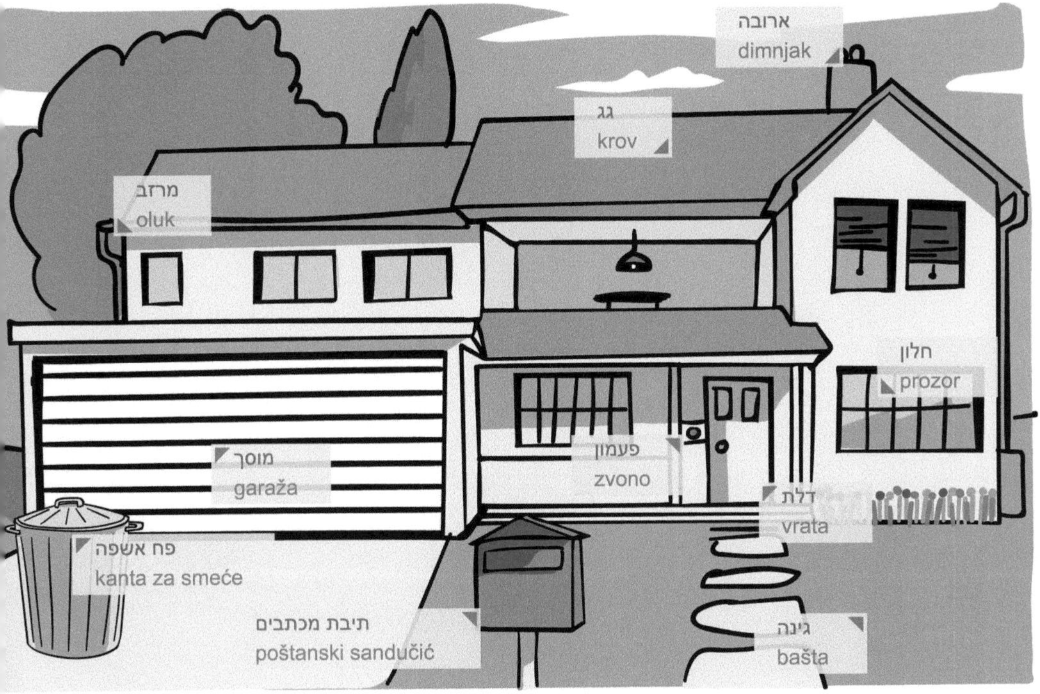

סלון
dnevni boravak

חדר אמבטיה
kupatilo

מטבח
kuhinja

חדר שינה
spavaća soba

חדר ילדים
dječija soba

חדר אוכל
trpezarija

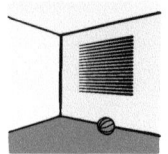

רצפה
pod, tlo

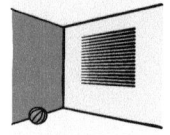

קיר
zid

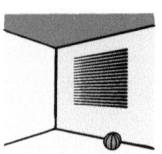

תקרה
plafon

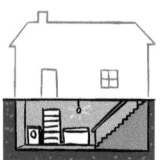

מרתף
podrum

סאונה
sauna

מרפסת
balkon

מרפסת
terasa

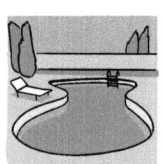

בריכה
bazen

מכסחת דשא
kosilica

סדין
posteljina

כיסוי מיטה
pokrivač

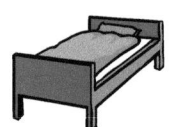

מיטה
krevet

מטאטא
metla

דלי
kanta

מפסק
prekidač

סלון
dnevni boravak

טפט
tapeta
תמונה
fotografija
מנורה
lampa
מדף
polica
ארון
ormar
טלוויזיה
televizija
אח
dimnjak
פרח
cvijet
כרית
jastuk
ספה
kauč
אגרטל
vaza
שלט רחוק
daljinski upravljač

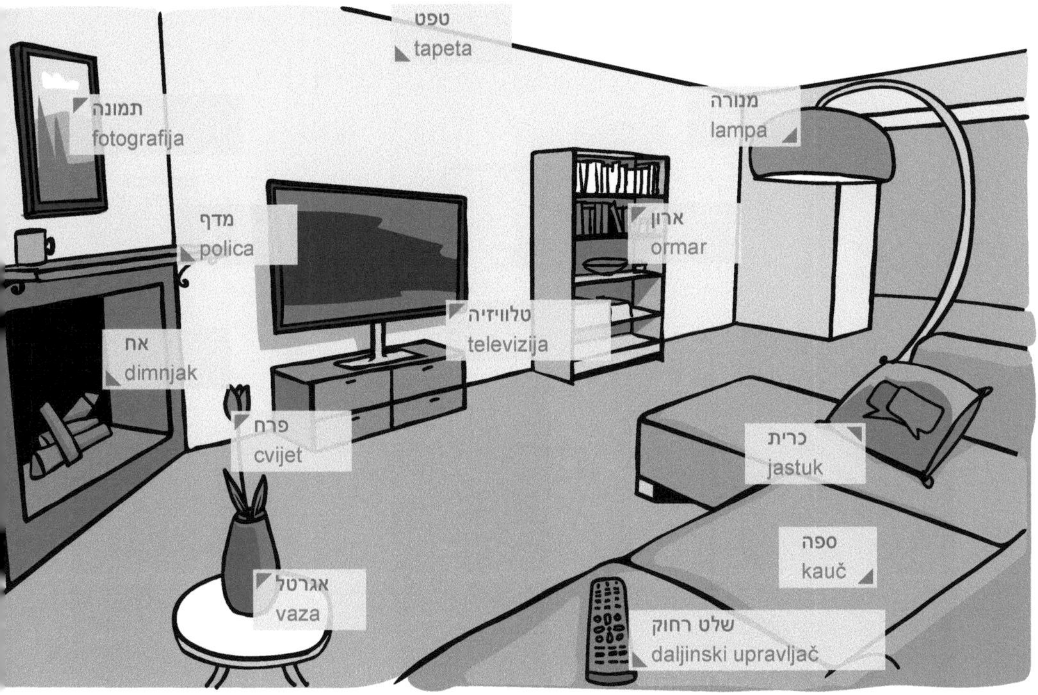

שטיח
tepih

וילון
zavjesa

שולחן
stol

כסא
stolica

כיסא נדנדה
stolica za ljuljanje

כורסה
fotelja

ספר

knjiga

שמיכה

deka

דקורציה

dekoracija

עצי הסקה

ložno drvo

סרט

film

מערכת סטריאו

stereo uređaj

מפתח

ključ

עיתון

novine

ציור

umjetnička slika

פוסטר

poster

רדיו

radio

מחברת

blok za bilješke

שואב אבק

usisavač

קקטוס

kaktus

נר

svijeća

מטבח
kuhinja

מקרר
hladnjak
מיקרוגל
mikrovalna pećnica
kuhinjska vaga
טוסטר
toster
חומר ניקוי
sredstvo za čišćenje
תנור
rerna
מקפיא
zamrzivač
פח אשפה
kanta za smeće
מדיח כלים
mašina za suđe, perilica

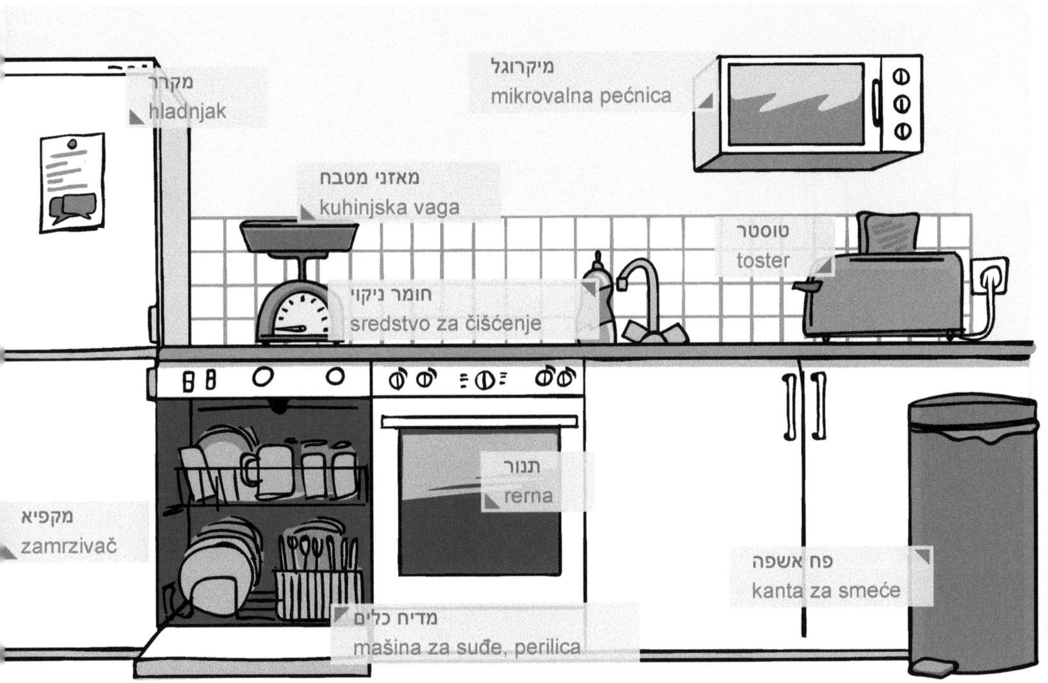

תנור
peć

סיר
lonac

סיר ברזל
metalni lonac

ווק
vok / kadai

מחבת
tava, tiganj

קומקום חשמלי
kuhalo

מאדה

aparat za kuhanje na pari

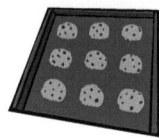

מגש אפייה

lim za pečenje

כלי אוכל

posuđe

ספל

šalica

קערה

činija

צ'ופסטיקס

kineski štapići

מצקת

kutlača

מרית

lopatica

מטרפה

metlica za snijeg bjelanjca

מסננת בישול

sito za kuhanje

מסננת

sito

מגרדת

ribež

מכתש

avan s tučkom

גריל

roštilj

מדורה

ložište

קרש חיתוך

daska

מערוך

oklagija

פותחן פקקים

vadičep

פחית

konzerva

פותחן קופסאות

otvarač za konzerve

מטלית

krpe za lonac

כיור

sudoper

מברשת

četka

ספוג

spužva

בלנדר

mikser

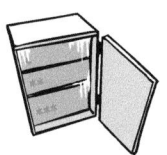

מקפיא

zamrzivač

בקבוק לתינוק

flašica za bebu

ברז

slavina

חדר אמבטיה
kupatilo

חימום
grijanje
מקלחת
tuš
מגבת
peškir
וילון מקלחת
zavjesa za tuš
אמבטיית קצף
pjenušava kupka
אמבטיה
kada
כוס
čaša
מכונת כביסה
mašina za veš
ברז
slavina
אריחים
pločice
סיר לילה
dječja kahlica
כיור
sudoper

אסלה

toalet

אסלת כריעה

čučavac

בידה

bide

משתנה

pisoar

נייר טואלט

toalet papir

מברשת אסלה

četka za wc

מברשת שיניים

četkica za zube

משחת שיניים

pasta za zube

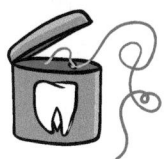

חוט דנטלי

zubni konac

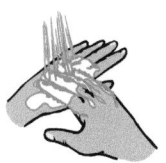

שטף

prati

מקלחת יד

tuš

צינור שטיפה לשירותים

intimni tuš

קערת רחצה

lavor

מברשת גב

četka za leđa

סבון

sapun

ג'ל רחצה

gel za tuširanje

שמפו

šampon

ליפה

krpe za pranje

ניקוז

odvod

קרם

krema

דיאודורנט

dezodorans

מראה

ogledalo

מראת יד

ogledalo za šminkanje

סכין גילוח

brijač

קצף גילוח

pjena za brijanje

אפטרשייב

vodica poslije brijanja

מסרק

češalj

מברשת

četka

מייבש שיעור

fen

ספריי לשיער

sprej za kosu

איפור

puder

שפתון

karmin

לק

lak za nokte

צמר גפן

vata

מספריים לציפורניים

makazice za nokte

בושם

parfem

תיק כלי רחצה
kozmetička torbica

שרפרף
hoklica

משקל
vaga

חלוק רחצה
kupaći ogrtač

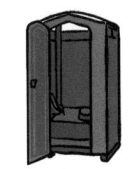

כפפות גומי
rukavice za čišćenje

טמפון
tampon

תחבושת סניטרית
uložak za dame

שירותים כימיקליים
hemijski toalet

חדר ילדים
dječija soba

שעון מעורר
budilnik
צעצוע חיבוק
plišana igračka
מכונית צעצוע
auto za igru
רעשן
zvečka
בית בובות
kućica za lutke
מתנה
poklon

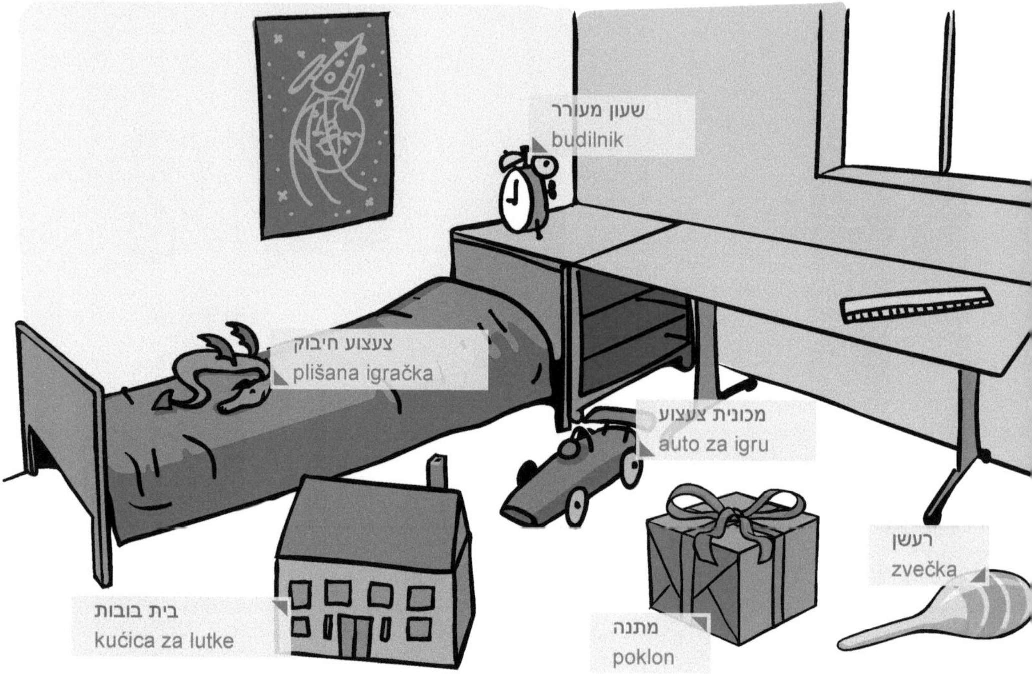

בלון

balon

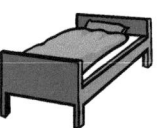

מיטה

krevet

עגלה

kolica za djecu

משחק קלפים

karte za igranje

פאזל

puzle

קומיקס

strip

לגו

lego kockice

קוביות משחק

kockice za gradnju

דמות משחק

akcione figure

סרבל תינוקות

benkica

פריזבי

frizbi

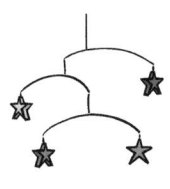

נייד

mobile

משחק לוח

igra na ploči

קוביה

kocka

רכבת צעצוע

miniatura željeznice

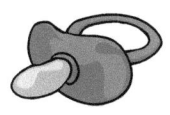

מוצץ

cucla

מסיבה

zabava

אלבום תמונות

slikovnica

כדור

lopta

בובה

lutka

שיחק

igrati

ארגז חול

pješćanik

נדנדה

ljuljačka

צעצועים

igračke

קונסולת משחקים

konzola za igru

אופניים תלת גלגלי

triciklo

דובון

medvjedić

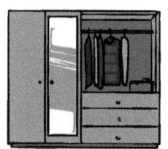

ארון בגדים

ormar

בגדים

odjeća

גרביים

kratke čarape

גרביונים

čarape

גרביון

hulahopke

צעיף
šal

חגורה
kaiš

מטריה
kišobran

חולצת טי
majica kratkih rukava

נעלי ספורט
patike

מגפיים
čizme

נעלי בית
papuče

סנדלים	נעליים	מגפי גומי
sandale	cipele	gumene čizme

תחתונים	חזייה	וסט
gaće	grudnjak	potkošulja

גוף
bodi

מכנסיים
hlače

ג'ינס
farmerke

חצאית
suknja

חולצה מכופתרת
bluza

חולצה
košulja

אפודה
džemper

סווצ'ר עם קפוצ'ון
majica

בלייזר
sako

ז'קט
jakna

מעיל
mantil

מעיל גשם
kišni mantil

תלבושת
kostim

שמלה
haljina

שמלת כלה
vjenčanica

חליפה

odijelo

כותונת לילה

spavaćica

פיג'מה

pidžama

סארי

sari

מטפחת ראש

marama

טורבן

turban

בורקה

burka

קאפטן

kaftan

עבאיה

abaja

בגד ים

kupaći kostim

בגד ים

kupaće gaće

מכנסיים קצרים

kratke hlače

בגד אימון

trenerka

סינר

pregača

כפפות

rukavice

כפתור

dugme

משקפיים

naočare

צמיד יד

narukvica

שרשרת

ogrlica

טבעת

prsten

עגיל

naušnica

כובע

kapa

קולב

vješalica

כובע

šešir

עניבה

kravata

רוכסן

patentni zatvarač

קסדה

kaciga

כתפיות

tregeri za hlače

תלבושת בית ספר

školska uniforma

מדים

uniforma

מפית אוכל
podbradak

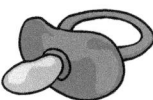

מוצץ
cucla

חיתול
pelene

משרד
ured

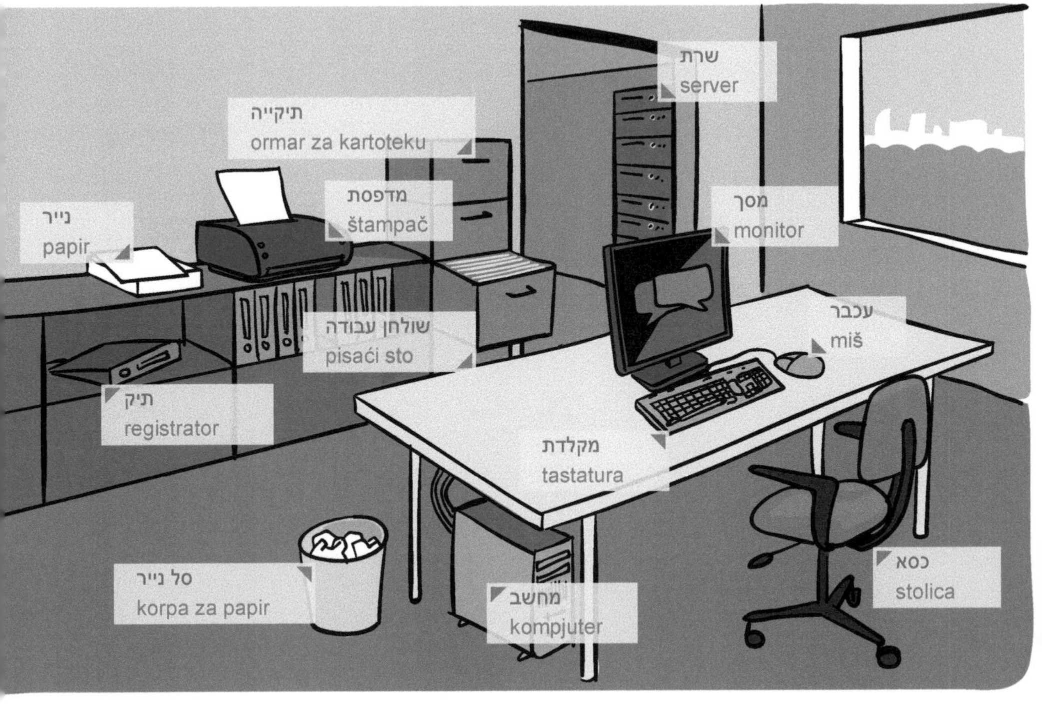

שרת
server

תיקייה
ormar za kartoteku

מדפסת
štampač

מסך
monitor

נייר
papir

שולחן עבודה
pisaći sto

עכבר
miš

תיק
registrator

מקלדת
tastatura

סל נייר
korpa za papir

מחשב
kompjuter

כסא
stolica

ספל קפה
šolja za kafu

מחשבון
kalkulator

אינטרנט
internet

מחשב נייד

laptop

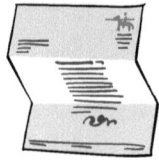

מכתב

pismo

הודעה

poruka

נייד

mobilni telefon

רשת

mreža

מכונת צילום

aparat za kopiranje

תוכנה

softver

טלפון

telefon

שקע

utičnica

פקס

faks

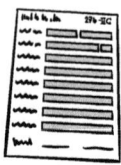

טופס

formular

מסמך

dokument

כלכלה
ekonomija

קנה

kupovati

שילם

platiti

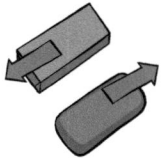

סחר

trgovati

כסף

novac

USD

דולר

dolar

EUR

יורו

euro

JPY

ין

jen

RUB

רובל

rublja

CHF

פרנק שווייצרי

franak

CNY

יואן רנמינבי

renminbi jen

INR

רופי

rupi

כספומט

bankomat

המרת מטבע

mjenjačnica

זהב

zlato

כסף

srebro

נפט

nafta

אנרגיה

energija

מחיר

cijena

חוזה

ugovor

מס

porez

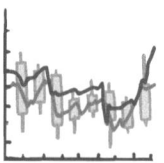

מנייה

akcija

עבד

raditi

עובד

službenik

מעסיק

poslodavac

מפעל

fabrika

חנות

radnja

מקצועות
zanimanja

כבאי
vatrogasac
שוטר
policajac
טבח
kuhar
רופא
ljekar
טייס
pilot

גנן

baštovan

נגר

stolar

תופרת

krojačica

שופט

sudija

כימאי

hemičar

שחקן

glumac

נהג אוטובוס

vozač autobusa

נהג מונית

vozač taksija

דייג

ribar

עובדת נקיון

čistačica

מתקן גגות

krovopokrivač

מלצר

konobar

צייד

lovac

צייר

moler

אופה

pekar

חשמלאי

električar

עובד בניין

građevinski radnik

מהנדס

inženjer

קצב

koljač

אינסטלטור

limar, vodoinstalater

דוור

poštar

חייל

vojnik

אדריכל

arhitekta

קופאי

blagajnik

מוכר פרחים

cvjećar

ספר

frizer

כרטיסן

kontrolor

מכונאי

mehaničar

קברניט

kapiten

רופא שיניים

zubar

מדען

naučnik

רב

rabin

אימאם

imam

נזיר

monah

כומר

sveštenik

כלי עבודה
alat

פטיש
čekić
צבת
kliješta
מברג
izvijač
מפתח ברגים
vijčani ključ
פנס
džepna lampa

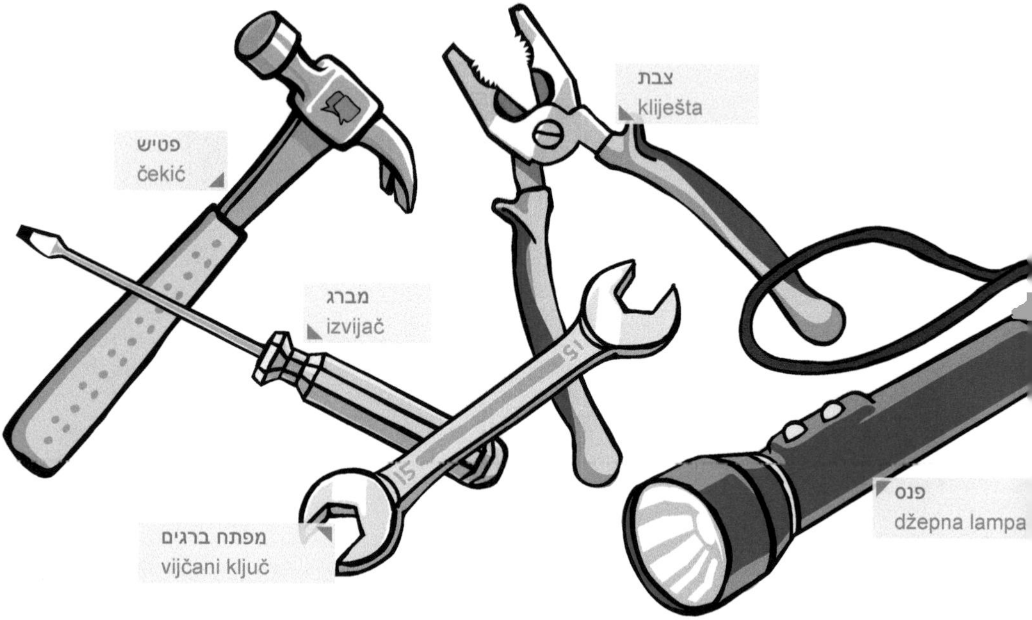

דחפור

bager

ארגז כלים

kutija sa alatom

סולם

ljestve

מסור

testera, pila

מסמרים

ekser

מקדחה

bušilica

תיקן

popraviti

את חפירה

lopata

לעזאזל!

sranje!

יעה

lopatica

פח צבע

kanta boje

ברגים

vijak

כלי נגינה

muzički instrumenti

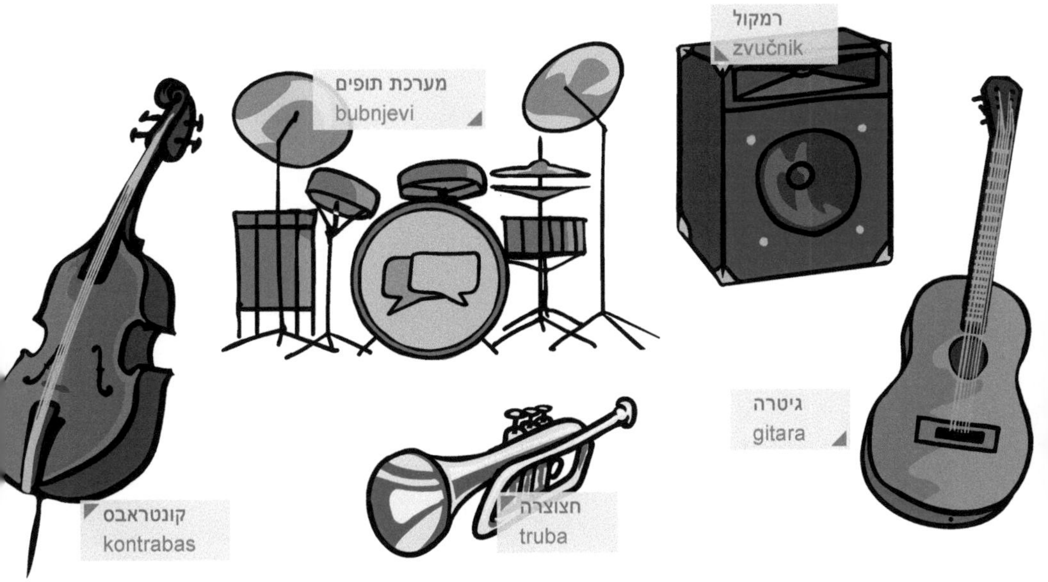

רמקול
zvučnik
מערכת תופים
bubnjevi
גיטרה
gitara
קונטראבס
kontrabas
חצוצרה
truba

פסנתר

klavir

כינור

violina

בס

bas

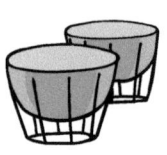

תוף הדוד

bubanj timpani

תופים

bubanj

מקלדת פסנתר

sintisajzer

סקסופון

saksofon

חליל

flauta

מיקרופון

mikrofon

גן חיות

zološki vrt

כניסה
ulaz
נמר
tigar
כלוב
kavez
זברה
zebra
מזון לחיות
hrana za životinje
פנדה
panda

בעלי חיים

životinje

פיל

slon

קנגרו

kengur

קרנף

nosorog

גורילה

gorila

דוב

medvjed

גמל

kamila

יען

noj

אריה

lav

קוף

majmun

פלמינגו

flamingo

תוכי

papagaj

דוב הקרח

polarni medvjed

פינגווין

pingvin

כריש

morski pas

טווס

paun

נחש

zmija

תנין

krokodil

שומר גן החיות

čuvar u zološkom vrtu

כלב ים

tuljan

יגואר

jaguar

סוס פוני

poni

לאופרד

leopard

היפופוטאם

nilski konj

ג'ירפה

žirafa

נשר

orao

חזיר בר

divlja svinja

דג

riba

צב

kornjača

סוס ים

morž

שועל

lisica

איילה

gazela

ספורט
sport

פוטבול אמריקאי
američki fudbal
רכיבת אופניים
vožnja bicikla
טניס
tenis
כדורסל
košarka
שחיה
plivanje
אגרוף
boks
הוקי
hokej na ledu

כדורגל

fudbal

בדמינטון

bedminton

אתלטיקה

laka atletika

כדור-יד

rukomet

עשה סקי

skijanje

פולו

polo

קפץ
skakati

חיבק
zagrliti

שר
pjevati

צחק
smijati se

הלך
ići

חלם
sanjati

התפלל
moliti

נשק
ljubiti

כתב
pisati

צייר
crtati

הראה
pokazati

דחף
gurati

נתן
dati

לקח
uzeti

יש / להיות הבעלים

imati

עשה

raditi

היה

biti

עמד

stajati

רץ

trčati

משך

vući

זרק

baciti

נפל

pasti

שכב

ležati

חיכה

čekati

סחב

nositi

ישב

sjediti

התלבש

obući

ישן

spavati

התעורר

probuditi

הסתכל ב-

pogledati

בכה

plakati

ליטף

milovati

סירק

češljati

דיבר

govoriti

הבין

razumjeti

שאל

pitati

שמע

slušati

שתה

piti

אכל

jesti

סידר

pospremiti

אהב

voljeti

בישל

kuhati

נהג

voziti

עף

letjeti

שט

jedriti

חישב

računati

קרא

čitati

למד

učiti

עבד

raditi

התחתן

vjenčavti

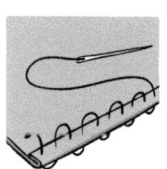

תפר

šiti

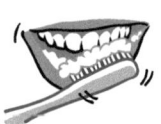

ציחצח שיניים

prati zube

הרג

ubiti

עישן

pušiti

שלח

slati

משפחה

porodica

סבתא
baka
סבא
djed
אבא
otac
אימא
majka
תינוק
beba
בת
kćerka
בן
sin

אורח

gost

דודה

ujna, tetka, strina

דוד

ujak, tetak, stric

אח

brat

אחות

sestra

גוף
tijelo

מצח
čelo
עין
oko
פנים
lice
סנטר
brada
אצבע
prst
כף יד
ruka, šaka
חזה
grudi
זרוע
ruka
כתף
leđa
רגל
noga

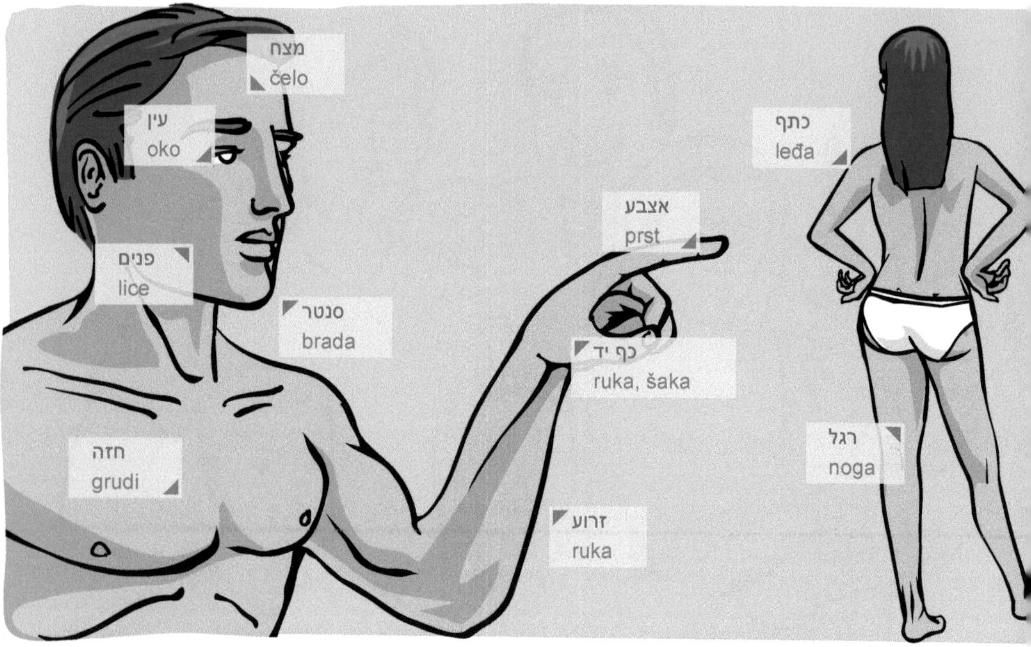

תינוק

beba

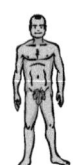

איש

muškarac

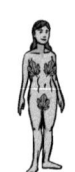

אישה

žena

ילדה

djevojčica

ילד

dječak

ראש

glava

גב

leđa

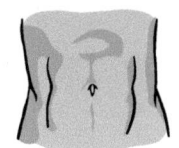

בטן

stomak

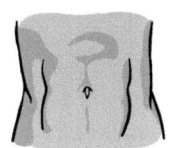

טבור

pupak

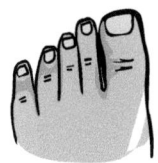

אצבע

nožni prst

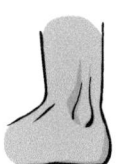

עקב

peta

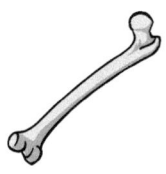

עצם

kosti

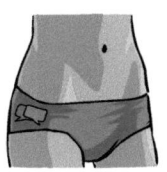

ירך

kuk

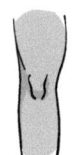

ברך

koljeno

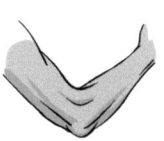

מרפק

lakat

אף

nos

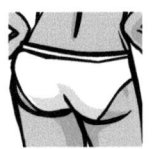

עכוז

stražnjica

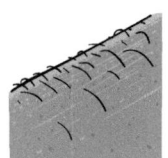

עור

koža

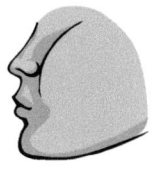

לחי

obraz

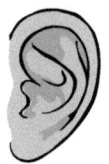

אוזן

uho

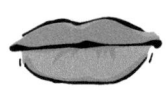

שפתיים

usna

פה

usta

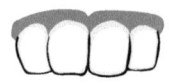

שן

zub

לשון

jezik

מוח

mozak

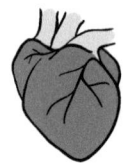

לב

srce

שריר

mišić

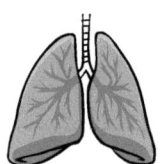

ריאה

pluća

כבד

jetra

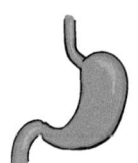

קיבה

želudac

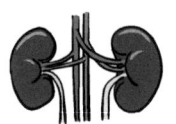

כליות

bubreg

מין

spolni odnos

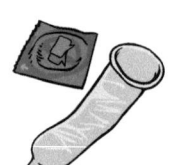

קונדום

kondom

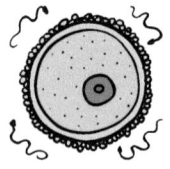

ביצית

jajna ćelija

זרע

sperma

הריון

trudnoća

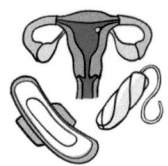

וסת

menstruacija

נרתיק

vagina

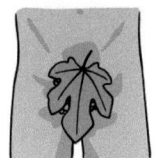

פין

penis

גבה

obrva

שיער

kosa

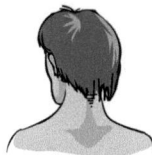

צוואר

vrat

בית חולים
bolnica

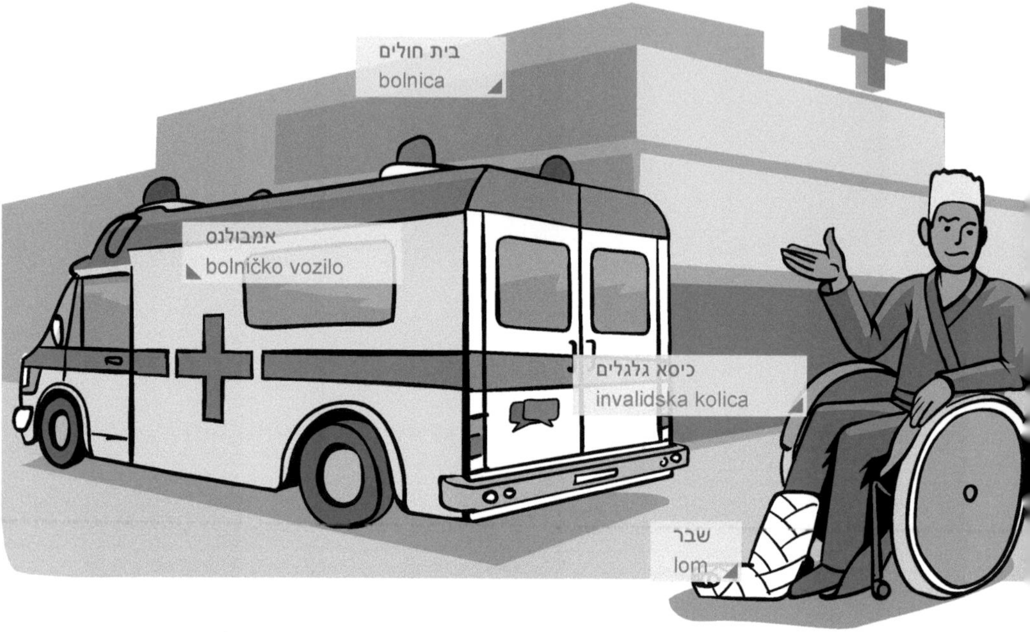

בית חולים
bolnica
אמבולנס
bolničko vozilo
כיסא גלגלים
invalidska kolica
שבר
lom

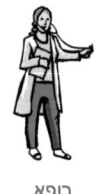

רופא

ljekar

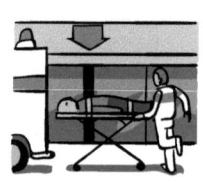

חדר מיון

hitna služba

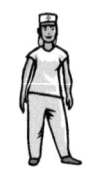

אחות

medicinska sestra

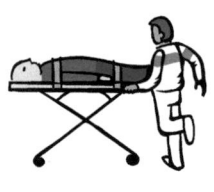

חירום

hitna pomoć

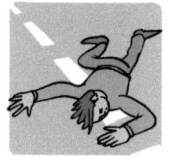

חסר הכרה

nesvjest

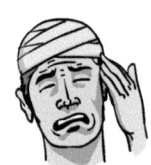

כאב

bol

פציעה

povreda

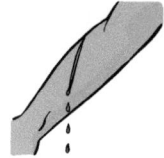

דימום

krvarenje

התקף לב

srčani udar, infarkt

שבץ

moždani udar

אלרגיה

alergija

שיעול

kašalj

חום

groznica

שפעת

gripa

שלשול

proljev

כאב ראש

glavobolja

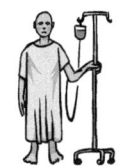

סרטן

rak

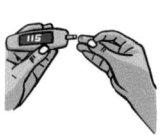

סוכרת

dijabetes

מנתח

hirurg

אזמל

skalpel

ניתוח

operacija

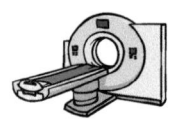

סי-טי

CT

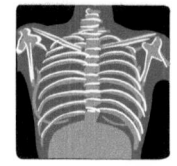

רנטגן

rendgen

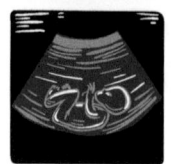

אולטרסאונד

ultrazvuk

מסיכת פנים

maska

מחלה

bolest

חדר המתנה

čekaonica

קבה

štake

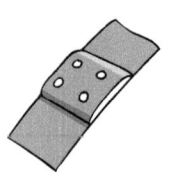

פלסטר

flaster

תחבושת

zavoj

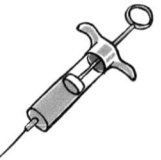

זריקה

injekcija

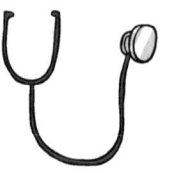

סטטוסקופ

stetoskop

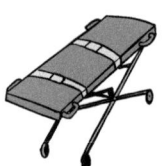

אלונקה

nosilo

מד חום

termometar

לידה

porod

עודף משקל

prekomjerna težina, debljina

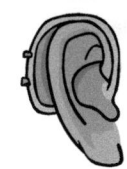

מכשיר שמיעה

slušni aparat

מחטא

sredstvo za dezinfekciju

זיהום

infekcija

נגיף

virus

איידס

HIV/ AIDS

תרופה

medicina

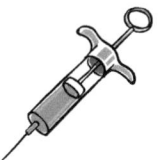

חיסון

vakcinacija

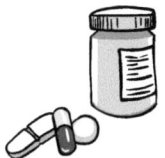

טבליות

tablete

גלולה

pilula

קריאת חירום

hitni poziv

מד לחץ דם

aparat za mjerenje pritiska

חולה / בריא

bolestan / zdrav

חירום
hitna pomoć

הצילו!

Upomoć!

אזעקה

alarm

פשיטה

napad, prepad

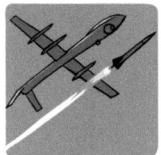

תקיפה

napad

סכנה

opasnost

יציאת חירום

izlaz u slučaju opasnosti

אש!

Požar!

מטף כיבוי

vatrogasni aparat

תאונה

nezgoda

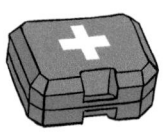

ערכת עזרה ראשונה

torba prve pomoći

הצילו!

SOS

משטרה

policija

כדור הארץ

Zemlja

אירופה

Europa

צפון אמריקה

Sjeverna Amerika

דרום אמריקה

Južna Amerika

אפריקה

Afrika

אסיה

Azija

אוסטרליה

Australija

האוקיינוס האטלנטי

Atlantik

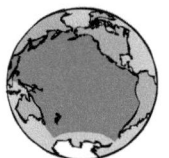

האוקיינוס השקט

Pacifik

האוקיינוס ההודי

Indijski okean

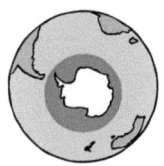

האוקיינוס האנטרקטי

Antarktički okean

האוקיינוס הארקטי

Arktički okean

הקוטב הצפוני

Sjeverni pol

הקוטב הדרומי

Južni pol

אנטארקטיקה

Antarktik

כדור הארץ

Zemlja

אדמה

zemlja

ים

more

אי

ostrvo

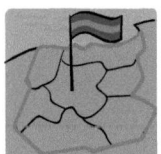

לאום

nacija

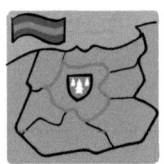

מדינה

država

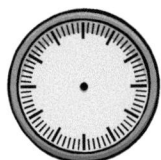

שעון
sat

פני השעון

brojčanik sata

מחוג השעות

kazaljka sata

מחוג הדקות

kazaljka minute

מחוג השניות

kazaljka sekunde

מה השעה?

Koliko je sati?

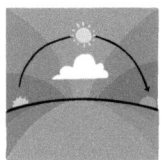

יום

dan

זמן

vrijeme

עכשיו

sada

שעון דיגיטלי

digitalni sat

דקה

minuta

שעה

sat

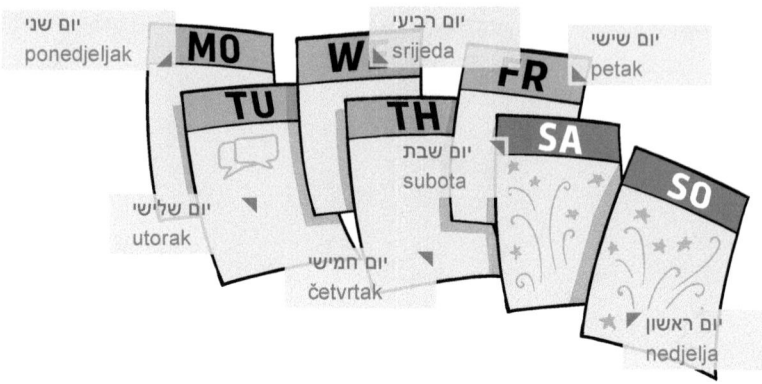

שבוע

sedmica, nedjelja

MO
TU
W
TH
FR
SA
SO
יום שני
ponedjeljak
יום שלישי
utorak
יום רביעי
srijeda
יום חמישי
četvrtak
יום שישי
petak
יום שבת
subota
יום ראשון
nedjelja

אתמול
jučе

היום
danas

מחר
sutra

בוקר
jutro

צהריים
podne

ערב
veče

ימי עבודה
radni dani

סוף שבוע
vikend

שנה

godina

גשם
kiša
קשת בענן
duga
שלג
snijeg
רוח
vjetar
אביב
proljeće
סתיו
jesen
קיץ
ljeto
חורף
zima

תחזית מזג האוויר

prognoza vremena

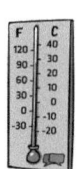

מד חום

termometar

אור שמש

sunčev sjaj

ענן

oblak

ערפל

magla

לחות

vlažnost vazduha

ברק

munja

רעם

grom

סערה

oluja

ברד

tuča, led

רוח עונתי

monsun

שיטפון

poplava

קרח

led

ינואר

januar

פברואר

februar

מרץ

mart

אפריל

april

מאי

maj

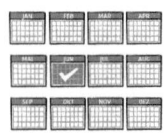

יוני

juni

יולי

juli

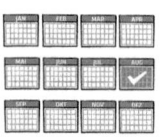

אוגוסט

avgust

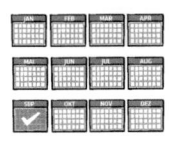

ספטמבר

septembar

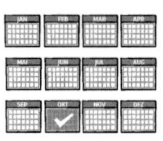

אוקטובר

oktobar

נובמבר

novembar

דצמבר

decembar

צורות
oblici

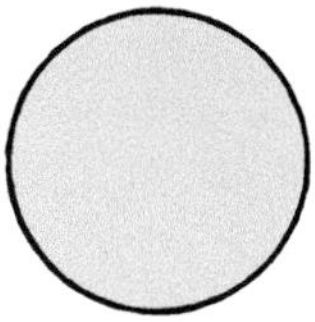

עיגול

krug

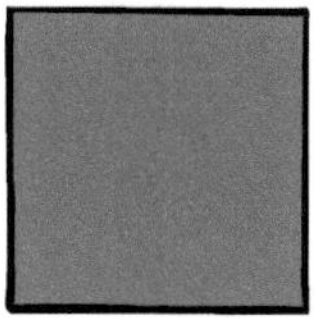

מרובע

kvadrat

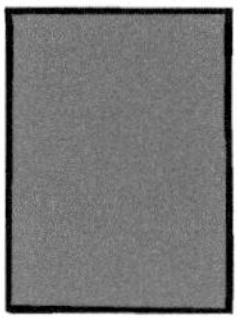

מלבן

pravougao

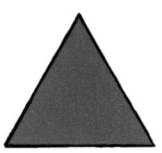

משולש

trougao

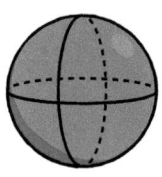

כדור

kugla

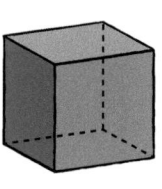

קובייה

kocka

צבעים
boje

לבן

bjel

צהוב

žut

כתום

narandžast

ורוד

pink

אדום

crven

סגול

ljubičast

כחול

plav

ירוק

zelen

חום

smeđ

אפור

siv

שחור

crn

הפכים
suprotnosti

הרבה / מעט

malo / mnogo

כועס / רגוע

ljutit / miran

יפה / מכוער

lijep / ružan

התחלה / סוף

početak / kraj

גדול / קטן

veliki / mali

בהיר / כהה

svijetlo / tamno

אח / אחות

brat / sestra

נקי / מלוכלך

čist / prljav

שלם / חלקי

potpun / nepotpun

יום /לילה

dan / noć

מת / חי

mrtav / živ

רחב / צר

široko / usko

אכיל / לא אכיל

ukusno / neukusno

רשע / טוב לב

zao / prijatan

מתרגש / משועמם

uzbuđen / dosadan

שמן / רזה

debeo / mršav

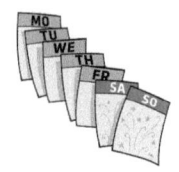

ראשון / אחרון

najprije / najkasnije

חבר / אויב

prijatelj / neprijatelj

מלא / ריק

pun / prazan

קשה / רך

trvd / mekan

כבד / קל

težak / lagan

רעב / צמא

glad / žeđ

חולה / בריא

bolestan / zdrav

בלתי-חוקי / חוקי

ilegalan / legalan

נבון / טיפש

inteligentan / glup

שמאל / ימין

lijevo / desno

קרוב / רחוק

blizu / daleko

חדש / משומש
nov / polovan

כלום / משהו
ništa / nešto

זקן / צעיר
star / mlad

פעיל / כבוי
uključeno / isključeno

פתוח / סגור
otvoreno / zatvoreno

שקט / רועש
tiho / glasno

עשיר / עני
bogat / siromašan

נכון / שגוי
tačno / pogrešno

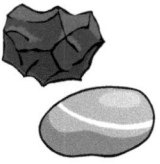

מחוספס / חלק
hrapav / glatak

עצוב / שמח
tužan / srećan

קצר / ארוך
kratak / dug

איטי / מהיר
spor / brz

רטוב / יבש
mokro / suho

חם / קר
toplo / hladno

מלחמה / שלום
rat / mir

מספרים
brojevi

0	1	2
אפס	אחת	שתיים
nula	jedan	dva
3	4	5
שלוש	ארבע	חמש
tri	četiri	pet
6	7	8
שש	שבע	שמונה
šest	sedam	osam
9	10	11
תשע	עשר	אחת-עשרה
devet	deset	jedanaest

12

שתים-עשרה

dvanaest

13

שלוש-עשרה

trinaest

14

ארבע-עשרה

četrnaest

15

חמש-עשרה

petnaest

16

שש-עשרה

šesnaest

17

שבע-עשרה

sedamnaest

18

שמונה-עשרה

osamnaest

19

תשע-עשרה

devetnaest

20

עשרים

dvadeset

100

מאה

sto

1.000

אלף

hiljada

1.000.000

מיליון

milion

שפות
jezici

אנגלית

engleski

אנגלית אמריקאית

američki engleski

סינית מנדרינית

kinesko mandarinski

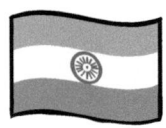

הודית

hindi

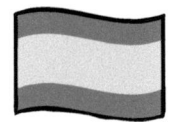

ספרדית

španski

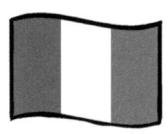

צרפתית

francuski

ערבית

arapski

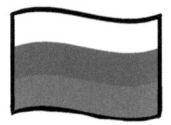

רוסית

ruski

פורטוגזית

portugalski

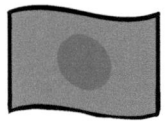

בנגלית

bengalski

גרמנית

njemački

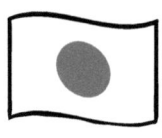

יפנית

japanski

מי / מה / איך
ko / šta / gdje

אני

....

ja

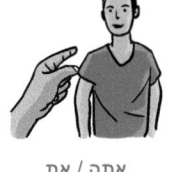

אתה / את

....

ti

הוא / היא / זה

....

on / ona / ono

אנחנו

....

mi

אתם

....

vi

הם

....

oni

מי?

....

ko?

מה?

....

šta?

איך?

....

kako?

איפה?

....

gdje?

מתי?

....

kada?

שם

....

ime

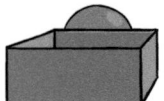

איפה

gdje

מאחור

....

iza

בתוך

....

u

לפני

....

pred

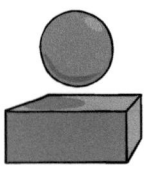

מעל

....

iznad

על

....

na

מתחת

....

ispod

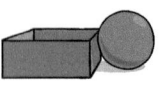

ליד

....

pored

בין

....

između

מקום

....

mjesto